Agradecer para Florecer

Semillas para una vida más plena

Cruz Elena Ibarra

Agradecer para florecer

Copyright © 2025 Cruz Elena Ibarra

Todos los derechos reservados.

ISBN: 9798999975225

Dedicatoria

A quienes me han enseñado a agradecer,

incluso en los días en que parecía no haber nada que agradecer.

A mi familia, mi raíz y mi refugio.

A mis hijos,

que me han mostrado que el amor es la semilla más poderosa.

Y a quienes han caminado conmigo cuando la tierra se volvió árida.

Gracias por no soltar mi mano.

Este libro es también para ti.

Para ti, que sigues sembrando…

aunque haya días en que no veas brotes.

Para ti, que eliges agradecer aún con las manos vacías,

con el alma cansada, pero el corazón despierto.

Para ti que agradeces en silencio,

aunque a veces el mundo no lo note.

Para ti que sigues sembrando luz en medio del cansancio o la

incertidumbre.

Para ti que hoy abres este libro buscando un poco de sentido.

Tal vez no lo sabías, pero ya llevas dentro

las semillas que pueden hacerte florecer.

Este libro es para quienes han entendido que lo esencial no necesita hace ruido, pero florece.

Que estas páginas te abracen.

Que te recuerden lo esencial.

Que te inviten a agradecer… y a florecer.

— **Cruz Elena**

Introducción
Una mirada agradecida

Cuando miro a mi alrededor y todo lo que he vivido, no puedo más que dar gracias por la bendición de estar viva.

Para mí, agradecer es mucho más que una reacción ante lo bueno. Es una forma de mirar, de habitar el presente, de abrir los ojos al milagro de lo cotidiano. Y no, no se trata de negar lo que falta, ni de maquillar las heridas, sino de elegir ver lo que ya está. Lo que sostiene. Lo que florece, aun en silencio.

Diversas corrientes de pensamiento —filosóficas, espirituales, culturales— han coincidido a lo largo del tiempo en una verdad profunda: quien cultiva la gratitud, cultiva también la plenitud. No como una meta lejana, sino como una experiencia que puede habitarse hoy. Ahora.

Agradecer no es pasividad, ni resignación. Es presencia. Es un acto sutil de libertad que transforma la forma en que se vive el amor, el tiempo, el vínculo con uno mismo y con los demás. Quien agradece no necesariamente tiene más… pero sí ve más. Siente más. Y desde esa conciencia, comienza a vivir con mayor sentido.

Este libro es un recorrido de luces que iluminan cada paso y nos invitan a meditar. Cada reflexión parte de una semilla: una idea, una cita, una voz antigua o contemporánea que ha hablado del agradecimiento como camino. A partir de ahí, se abre un espacio para que florezca una mirada nueva, luminosa, anclada en lo esencial.

No hace falta esperar a que todo esté en orden para dar gracias. Quizá es al revés: es al agradecer que el alma encuentra orden. Y al agradecer, la vida… florece.

Es por eso que quise plantar estas pequeñas semillas, buscando que florezcan en diversos campos, cada una en su espacio y en su tiempo, ofreciendo plenitud a quien las coseche. Gracias por recibirlas…

Cruz Elena Ibarra

Contenido

Sembrar con los ojos abiertos 11

Regar lo invisible................................20

Florecer sin pedir permiso 28

Honrar el camino 39

Volver a lo esencial............................54

La gratitud tiene muchas voces.......69

Epílogo 79

Tu Jardín de Gratitud........................81

Créditos...87

Cruz Elena Ibarra

Capítulo Uno
Sembrar con los ojos abiertos

Reconocer lo cotidiano como milagro

La raíz de todo

"No es la felicidad lo que nos hace agradecidos,
sino la gratitud lo que nos hace felices."
— *Frère David Steindl-Rast*

Solemos creer que la gratitud es la consecuencia natural de tenerlo todo: salud, éxito, amor, días fáciles. Pero esta reflexión invierte la lógica del deseo. No es la felicidad la que produce gratitud… sino la gratitud la que abre la puerta a la verdadera alegría.

Agradecer es como abrir una ventana y dejar que entre el sol, incluso si afuera hay nubes. Es una elección, no siempre automática ni fácil, pero sí poderosa. Una mirada que se entrena, que se cultiva como quien riega algo pequeño, confiando en que florecerá.

No hace falta que todo sea perfecto para agradecer. Basta con detenerse. Con mirar de nuevo nuestro alrededor. Con reconocer lo que ya está, sin exigir que sea más.

A veces, eso que parece tan simple —una taza entre las manos, una palabra amable, un respiro profundo— es la raíz de una dicha que no depende de lo externo. Esa dicha nace en nuestro interior. Es una decisión.

Cultivar la gratitud es como enraizarse en lo esencial. Y desde ahí, la felicidad ya no es una meta que se persigue, sino una consecuencia natural que brota suave, cuando el corazón está dispuesto a ver.

"Agradece siempre, siembra las semillas que te traerán felicidad."

Un rayo de sol que me nombra

"El sol no se olvida de una aldea solo porque es pequeña."
— Proverbio japonés

Agradecer también es eso: reconocer que hay luz, incluso cuando no se ha pedido. Que hay presencia, aunque uno se sienta pequeño.

El sol no necesita que lo invoquen para aparecer. La gratitud, tampoco.

Hay días que parecen olvidados por el mundo, momentos donde el alma se repliega en sus propios silencios. Y, sin embargo, basta un rayo de luz —literal o simbólico— para devolvernos al asombro. Una caricia de claridad que nombra lo que parecía invisible.

Eso también es motivo de gratitud: **que la vida no se olvide de nosotros, aun cuando nosotros mismos lo hacemos.**

Agradecer no siempre parte de lo evidente. A veces nace de esa delicadeza silenciosa que nos toca sin estruendo. Como el sol que entra por la rendija, la gratitud se cuela por los resquicios de lo cotidiano, y nos recuerda que estamos siendo sostenidos.

No es necesario tenerlo todo claro para dar gracias. Basta con notar que, en medio de cualquier sombra, hay un rayo de sol que nos llama por nuestro nombre. No importa si somos pequeños o grandes.

"Agradece cada día ese rayo de sol que te acaricia."

Agradecer sin esperar un motivo

"La gratitud desbloquea la plenitud de la vida.
Convierte lo que tenemos en suficiente."
— Melody Beattie

No todo lo que llena el alma tiene nombre. A veces, basta con estar. Con respirar. Con mirar alrededor sin prisa. Y entonces, sin previo aviso, algo dentro dice "gracias".

No hay un motivo concreto. No hubo un milagro visible ni una noticia esperada. Pero hay un instante claro en el que el corazón se detiene… y reconoce.

Agradecer sin motivo es, quizás, la forma más pura de agradecer: porque no responde a una condición externa, sino a una disposición interna.

Esa gratitud que no necesita explicación transforma lo que hay en algo suficiente. Una mañana cualquiera se vuelve un regalo. Una rutina se vuelve refugio. Lo ordinario se vuelve luz.

Elegir agradecer sin esperar un motivo es vivir desde la abundancia. No la que acumula, sino la que percibe. Porque la plenitud no necesariamente se encuentra… más bien se despierta.

Y cuando se despierta, el mundo se vuelve más habitable.

Es entonces cuando entendemos que no faltaba nada.
Solo hacía falta mirar distinto.
Y en ese cambio de mirada… comienza a florecer una nueva forma de vivir.

"Vive en plenitud, vive en gratitud."

Cuando el día comienza… y yo también

"Cuando te levantes por la mañana, piensa en el privilegio de estar vivo: de respirar, de pensar, de disfrutar, de amar."
— *Marco Aurelio*

Hay despertares que parecen iguales, pero ninguno lo es.
Cada mañana es una página en blanco que se nos ofrece sin exigencias. Un regalo silencioso que no pide nada a cambio… salvo presencia.

Despertar no es solo abrir los ojos: es volver a habitarse. Es regresar al cuerpo con gratitud. Al alma con suavidad. Al tiempo con intención.

A veces, lo olvidamos. Nos levantamos por costumbre, sin mirar. Pero basta una pausa —un suspiro consciente, una luz que entra por la ventana, un café entre las manos— para recordar lo esencial: **estamos vivos.**
Y eso, en sí mismo, es un gran motivo para agradecer.

Respirar es un privilegio.
Pensar, una posibilidad.
Amar, un acto sagrado.
Y comenzar el día reconociendo todo eso… es elegir vivir despiertos.

Porque cuando el día comienza y yo también —de verdad, no solo en cuerpo sino en conciencia—, la gratitud se convierte en faro.

Y entonces, la jornada no es una carga, sino una oportunidad.

"Agradece siempre cada nuevo amanecer, no todos llegan a él."

Una taza tibia entre las manos

"La práctica más profunda no está en los templos,
sino en cómo sostienes una taza de té."
— Charlotte Joko Beck

Hay momentos que no necesitan explicación: solo ocurren, suaves, como un suspiro. Una taza tibia entre las manos. El vapor que sube y envuelve. La pausa antes del primer sorbo. Ese instante, si se le permite, puede ser un templo, una práctica profunda de gratitud y presencia.

No se trata del té, del café o del ritual. Se trata de estar ahí.
De estar conscientes del aquí y el ahora.

De habitar con gratitud algo que, a simple vista,
podría pasar desapercibido.
Pero no lo es.
Porque cada gesto cotidiano puede ser una puerta:
una oportunidad para agradecer sin palabras.

No hace falta viajar lejos para encontrar lo sagrado.
A veces basta con detenerse en medio de la prisa y sostener una taza como si fuera lo único que existe.
Porque en ese momento, tal vez lo sea.

Y entonces, la gratitud no llega como respuesta, sino como presencia. Una presencia que abraza lo pequeño, lo cálido, lo real. Agradecer así —sin discurso, sin motivo, sin espera— es una forma de orar con las manos abiertas.

Es decirle sí a la vida, sorbo a sorbo.

"Disfruta y agradece cada sorbo de vida, cada taza tibia entre tus manos."

Basta con mirar bien

> *"Los ojos son la lámpara del cuerpo; así que,*
> *si tus ojos son buenos, todo tu cuerpo tendrá luz."*
> — *Mateo 6:22*

Dicen que el ojo es la lámpara del cuerpo…
y también podría ser la lámpara del alma.
No se trata solo de lo que vemos, sino de cómo lo vemos.

El ojo es entonces,
la puerta de entrada para la luz,
no solo física, sino espiritual.

La mirada agradecida no niega las sombras,
pero elige enfocarse en la luz.
Es una forma de ver, que transforma lo cotidiano en regalo,
el silencio en refugio, la espera en esperanza.

Cuando el ojo se limpia de exigencias,
cuando se desacelera el juicio,
la vida empieza a brillar de otro modo.

Y entonces… agradecer ya no es una reacción:
es una forma de caminar,
con los ojos abiertos y el corazón encendido.

Agradecer empieza por ver.
Ver lo que sí está.
Ver lo que a veces damos por hecho.
Ver que la vida no tiene que ser perfecta para ser profundamente valiosa.

Y ver que, si afinamos la mirada,
hay milagros escondidos en casi todo.

Una palabra amable.
Un rayo de sol que entra por la ventana.
Un "gracias" que brota del alma sin obligación.

Pequeñas luces que parecen simples... y sin embargo,
iluminan el mundo.

Si enfocamos la mirada en lo bueno,
Nuestra vida se ilumina.

Porque quien mira con gratitud,
no solo se llena de luz,
sino que comienza, sin notarlo,
a alumbrar el camino de los demás.

"Agradece esa lampara que ilumina tu camino, tu día a día."

Dos formas de mirar

"Hay dos maneras de vivir la vida: una como si nada fuera un milagro,
y la otra como si todo lo fuera."
— *Albert Einstein*

No se trata de negar la realidad, sino de decidir desde dónde mirarla.
Quien ve la vida como una serie de problemas por resolver,
encuentra razones para quejarse a cada paso.
Quien la ve como una sucesión de milagros —pequeños, discretos, a veces silenciosos— empieza a vivir con asombro.

La gratitud nace de esa mirada.
No exige que todo esté perfecto.
Solo pide un corazón que sepa ver.

Porque cuando eliges mirar desde ahí, todo cambia:
el café humeante se vuelve un abrazo,
el silencio un descanso,
y el simple hecho de estar vivo… un motivo para dar gracias.

Vivir como si todo fuera un milagro no es ingenuidad.
Es una decisión consciente, valiente.
Porque lo fácil es dejarse arrastrar por lo que falta.
Lo extraordinario es abrir los ojos a lo que ya está, y reconocerlo como un regalo.

Cada día ofrece una colección secreta de pequeños milagros:
una sonrisa que llega sin aviso, una canción que suena justo cuando la necesitas, una palabra que calma, un rayo de sol después de la tormenta.

Quien agradece… los ve. Y quien los ve, transforma no solo su día, sino también el mundo a su alrededor.

Capítulo Dos

Regar lo invisible

La gratitud como raíz silenciosa.

Lo que no se ve, pero sostiene

> *"Lo esencial es invisible a los ojos."*
> *— Antoine de Saint-Exupéry*

Hay cosas que no se pueden mostrar, pero se sienten. Que no se nombran, pero habitan. Que no brillan a la vista, pero sostienen con fuerza callada. Existen.
Agradecer lo invisible es un acto de fe cotidiana.

Es dar gracias por lo que no se mide ni se presume:
el amor que cuida en silencio,
la intuición que guía sin mapa,
la esperanza que no grita, pero insiste,
la calma que llega cuando nadie la llamó.

No todo lo importante se ve.
No todo lo valioso deja rastro.

Pero hay fuerzas pequeñas —como raíces bajo la tierra—
que mantienen viva la flor,
aunque nadie las note, aunque nadie las aplauda.
Fuerzas que nos dan paz, aun sin mencionarlas.

Y tal vez ahí,
en esa zona sagrada donde no hay prueba ni evidencia,
florece la gratitud más honda:
la que reconoce sin ver,
la que siente sin demostrar,
la que agradece por el solo hecho de saber que algo
—o alguien— nos sostiene… aun sin ser visto.

"Aprendamos a agradecer lo invisible."

Nada me falta

"Nada te turbe, nada te espante... quien a Dios tiene, nada le falta."
— *Teresa de Ávila*

Hay una certeza que no necesita explicaciones:
esa que nace cuando el alma, aun sin ver, sabe.

Cuando todo se tambalea por fuera,
pero por dentro algo permanece en pie.
Cuando lo visible se desmorona,
pero lo invisible... sostiene.

Agradecer en ese lugar es un acto sagrado.
No porque la vida esté resuelta,
sino porque el corazón está habitado.

Porque hay una presencia que acompaña.
Una fuerza que no se impone, pero está.
Una voz que no grita, pero consuela.

Agradecer a Dios —o a ese misterio amoroso que muchos nombran
de distintas formas— no es un ritual vacío.
Es un gesto humilde y profundo:
gracias por estar incluso cuando todo parece ausente,
gracias porque nada me falta, aunque todo me duela.

Y es que cuando se cultiva la gratitud por esa presencia invisible,
el alma aprende a mirar de otro modo.
A confiar sin entender.
A caminar sin ver la escalera completa.

Porque quien a Dios tiene, aunque no siempre lo sienta...
ya lo tiene todo.

Gracias por lo que aun no entiendo

"Confía en el proceso, incluso cuando aún no veas el propósito."
— Anónimo

Agradecer cuando todo tiene sentido es sencillo.
Agradecer cuando no… es un acto sagrado.

Hay momentos en los que la vida cambia el rumbo sin previo aviso.
Planes que no se cumplen.
Puertas que se cierran.
Silencios que pesan.
Procesos que duelen sin explicación.

Y sin embargo, incluso ahí,
la gratitud puede ser un faro.
No porque haya una certeza…
sino porque hay una confianza.

Agradecer lo que aun no entiendo no es negar lo difícil.
Es mirarlo con humildad.
Es decirle a la vida: *todavía no sé por qué, pero gracias igual.*
Gracias por lo que se está gestando, incluso si aún no florece.

La gratitud no siempre llega como respuesta.
A veces es una elección.

Una semilla plantada en tierra incierta,
 que dice: *confío en que esto, algún día, tendrá sentido.*
Y mientras ese sentido llega —o no—,
la gratitud sostiene.
Porque incluso sin entender…
ya estoy siendo transformada.

"Agradece también el camino, el proceso..."

La semilla que no se rindió

"No temas a las ruinas. Así germinan las semillas del alma."
— Clarissa Pinkola Estés

Una semilla no se pregunta si vale la pena romperse.
No duda, no posterga, no exige garantías.
Simplemente… confía.
Se deja enterrar, cubrir de oscuridad, empapar de incertidumbre.
Y desde ahí, en silencio, empieza a transformarse.

No hay aplausos para ese primer movimiento invisible.
Nadie lo ve, nadie lo celebra.
Pero es ahí donde comienza todo.

Agradecer ese momento,
en el que lo viejo se quiebra y lo nuevo aún no nace,
es un acto profundo de fe.

La semilla no florece porque lo tiene todo claro.
Florece porque no se rinde.
Porque se entrega al proceso.
Porque, aún rodeada de tierra y sumergida en la oscuridad,
sigue confiando en la luz.

Cada uno de nosotros ha sido esa semilla alguna vez.
Cubiertos por dudas, por pérdidas, por silencios.
Y aun así, algo en nosotros siguió latiendo. Algo eligió no rendirse.

Hoy, damos gracias por ese algo.
Por ese impulso silencioso que nos sostuvo sin explicación.
Por el alma que no se quebró del todo.

Por la semilla que fuimos… y por la flor que, sin darnos cuenta,
ya estamos empezando a ser.

Gracias por quien me sostuvo sin que yo lo supiera

"A veces, los mayores actos de amor no hacen ruido."
— *Anónimo*

Hay presencias que no se ven, pero se sienten.
Hay respuestas que llegan antes de que uno formule la pregunta.
Hay consuelos que no vienen con palabras, pero acarician igual.

Agradecer a quien nos sostuvo sin que lo supiéramos es reconocer que no todo lo sagrado es visible.
Que hay amor que actúa en silencio.
Que hay cuidado que se adelanta al miedo.

Puede ser una oración pronunciada por otro.
Una sonrisa de un desconocido en un día difícil.
Un pensamiento luminoso enviado sin aviso.
Una energía suave que nos sostuvo cuando creímos caer.

A veces, también es Dios, o la Vida.
Es algo mayor… que nos acompaña incluso cuando creemos estar solos. Que nos sostiene en medio de la noche sin hacer alarde.

Y que se manifiesta a través de otros:
de un abrazo inesperado,
de un mensaje justo a tiempo,
de una paz que llega sin explicación.

La gratitud más profunda no siempre tiene destinatario claro.
Pero eso no impide sentirla.

Porque algo —alguien— estuvo ahí.
Y aunque no lo supimos en el momento… ahora sí lo sabemos.
Y por eso: gracias.

El primer paso también es sagrado

"Da el primer paso con fe. No tienes que ver toda la escalera,
sólo da el primer paso."
— *Martin Luther King Jr.*

Hay caminos que no se ven. Solo se intuyen.
Como raíces bajo tierra.
Como semillas dormidas.
Como promesas en el aire.

Y aun así… caminamos.
No porque tengamos garantías, sino porque confiamos.
Porque algo en nosotros sabe que ese paso —aunque pequeño—
es necesario.

Agradecer en medio de la incertidumbre
es un acto de profunda valentía.
Es decir: no sé cómo, no sé cuándo, pero me atrevo.

El primer paso no necesita aplaudirse,
ni entenderse, ni explicarse.
Solo necesita ser dado con fe.
Y agradecido como lo que es: un acto de creación.

La gratitud, entonces, no es solo para los frutos.
Es también para la semilla.
Para el paso tímido.
Para el intento.

Porque a veces,
agradecer no es mirar atrás con alivio,
sino mirar hacia adelante con confianza.

Y eso también es florecer.

La fe también se agradece

> *"La gratitud es la flor de la fe."*
> — *Proverbio*

Agradecer es un acto de fe.
Porque no siempre hay certeza.
Porque muchas veces la vida se mueve en clave de misterio.
Y aun así… algo en el alma dice gracias.

La fe también se agradece.
No la fe como doctrina, sino como llama.

Esa chispa que no siempre arde, pero nunca se apaga del todo.
Esa voz silenciosa que susurra: *"confía"*,
incluso cuando no hay pruebas.

Agradecer la fe es reconocer que,
en medio de la niebla, hay una dirección.

Que, aunque no entendamos el mapa,
sabemos que no estamos solos.
Que hay algo —o alguien— que nos guía, nos habita, nos sostiene.

Y también, agradecer que esa fe no viene de nosotros.
Llega como regalo, como aliento, como respuesta callada.
Se cuela en una mirada, en una música, en una oración,
en un amanecer.
Y entonces, aunque no veamos el final… caminamos.
Porque la gratitud que florece de la fe no necesita explicaciones.
Solo presencia. Solo confianza.
Solo un corazón dispuesto a decir: gracias por la fe…
incluso cuando es pequeña, incluso cuando es todo lo que tengo.

Capítulo Tres

Florecer sin pedir permiso

Dar gracias por ser, por estar, por seguir.

No tengo todo… pero tengo esto

"Quien sabe dar gracias por lo poco, merece lo mucho."
— *Proverbio árabe*

Hay días en los que la mente insiste en señalar lo que falta.
La lista de lo que no alcanzamos.
Lo que otros tienen.
Lo que no ha llegado.

Pero entonces, el alma susurra:
Mira otra vez.
Y cuando miramos con gratitud,
descubrimos algo que la prisa no deja ver:
lo que sí está.

Quizá no tengo todo lo que soñé,
pero tengo esta taza tibia entre las manos.
Este cuerpo que aún respira.
Esta mirada que, a pesar del cansancio, todavía busca belleza.
Este instante.

Agradecer lo que hay no es conformismo.
Es una forma de volver a casa.
Es decirle a la vida:
"Te siento. Te valoro. Te recibo, tal como eres hoy."

Y entonces, lo poco deja de ser poco.
Lo simple se vuelve regalo.
Lo cotidiano se llena de sentido.

Porque quien sabe dar gracias por lo poco…
 ya ha comprendido lo más grande.

Agradecer lo que soy, no solo lo que logro

> *"Agradece por lo que eres ahora,*
> *y sigue luchando por lo que puedes llegar a ser."*
> — *Brené Brown*

Nos enseñaron a celebrar los logros,
no la esencia.
A dar gracias cuando alcanzamos algo,
no por el simple hecho de ser.

Pero la gratitud más profunda no nace del éxito…
nace del reconocimiento.

De mirarse por dentro y decir:
"Soy valioso, incluso cuando no estoy haciendo nada
extraordinario."

Gracias porque soy, porque existo.
Y por todo lo que puedo llegar a ser.

Agradecer lo que soy no es ego ni resignación.
Es un acto de verdad.

Es abrazar la historia que habita en este cuerpo,
en esta voz,
en este corazón que ha seguido latiendo,
incluso en el silencio.

Hay días en que no rendimos como queríamos.
En que no llegamos a la meta.
En que apenas logramos levantarnos.

Y sin embargo, incluso ahí…

seguimos siendo.

Seguimos amando.
Seguimos aprendiendo.
Seguimos estando.
Seguimos intentando.

Dar gracias por lo que somos —sin maquillaje, sin medallas, sin aplausos—
es una forma de sanar.
De reconocer que no somos un proyecto por completar,
sino una vida que merece ser honrada desde hoy y cada día.

Así como soy... doy gracias

*"Porque Tú formaste mis entrañas; me hiciste en el seno de mi madre.
Te daré gracias, porque asombrosa y maravillosamente he sido hecho;
¡Maravillosas son Tus obras, y mi alma lo sabe muy bien!"*
— Salmo 139:13–14

Antes de hacer, ya éramos.
Antes de aprender a hablar, ya éramos dignos.
Antes de lograr, ya éramos amados.

En un mundo que mide el valor por la productividad,
detenerse a dar gracias por el solo hecho de ser es un acto de fe.
Y también, de sanación.

Porque sí... hay días en los que no nos sentimos suficientes.
Hay heridas que nos hacen dudar de nuestro valor.
Hay momentos en que no reconocemos para que estamos aquí.

Hay rasgos que no hemos sabido amar,
renegamos de nuestro cuerpo, de nuestras circunstancias,
de nuestra realidad.

Pero incluso ahí, incluso en medio de las grietas,
sigue latiendo la huella de algo sagrado:
fuimos creados con intención.

No fuimos error.
No fuimos azar.
Somos parte de una obra maravillosa,
aunque a veces no la entendamos del todo.

Cada cicatriz, cada curva,
cada sombra y cada luz...
son parte del diseño que nos trajo hasta aquí.

Agradecer para florecer

Hoy damos gracias no por lo que nos gustaría ser,
sino por lo que somos:
con lo que brilla y con lo que duele.
Con lo que comprendemos y con lo que aún sanamos.

Así como soy…
con esta voz, esta historia, esta piel.

Con estas cicatrices,
este corazón que insiste…
así como soy… doy gracias.

La belleza de lo imperfecto

"Las personas más hermosas que hemos conocido son aquellas que han conocido
la derrota, el sufrimiento, la lucha, la pérdida...
y han encontrado su camino para salir de las profundidades."
— *Elisabeth Kübler-Ross*

La belleza no siempre brilla.
A veces, tiembla. A veces llora.
A veces llega con cicatrices, con pasos lentos,
con historias que se dicen bajito.

Nos enseñaron a agradecer por lo bonito,
por lo exitoso,
por lo que sale bien.
Pero hay otro tipo de gratitud:
la que nace cuando miramos con amor lo que antes escondíamos.

La que honra lo imperfecto, no como una falla,
sino como un trazo único en nuestra historia.

Agradecer lo imperfecto es un acto valiente.
Es decirle a nuestras heridas: *gracias por enseñarme.*

Es reconocer que lo vivido,
incluso lo que dolió,
nos modeló desde adentro.
Nos volvió más compasivos.
Más sensibles. Más reales.

Nadie sale ileso de esta vida,
pero quienes aprenden a agradecer también lo roto,
descubren una belleza que no se compra ni se finge:
la belleza de haber florecido, incluso en la sombra.

Hoy damos gracias por lo que no salió perfecto.
Por lo que nos hizo humanos.

Damos gracias por lo que nos sacó lágrimas…
pero también nos regaló profundidad.
Por lo que nos marcó, porque nos hizo únicos.

Porque hay una belleza que no se nota a simple vista,
pero que se siente en el alma.

Y esa —la más imperfecta—
es muchas veces la más verdadera.

Lo que florece sin que yo lo controle

"Confía en el proceso. Incluso cuando no veas las flores, las raíces están creciendo."
— *Proverbio sufí*

Hay bendiciones que no se anuncian.
Crecen como lo hacen las raíces: en lo profundo,
en silencio, sin pedir permiso.
A veces no vemos el fruto, pero algo en nosotros se expande.

Una palabra que escuchamos por casualidad.
Un gesto de ternura que no esperábamos.
Una emoción que se acomoda.
Una idea que germina por dentro
cuando pensábamos que todo estaba quieto.

Y entonces entendemos:
no todo lo bueno en la vida es resultado del esfuerzo.
Hay cosas que florecen simplemente porque es su tiempo,
Y no porque hayamos hecho nada.

Aprender a agradecer eso —lo que no controlamos,
lo que no planeamos, lo que llega sin aviso—
es abrir la puerta a una gratitud más profunda:
la que se basa en la confianza.

La que sabe que incluso en lo invisible,
algo bueno puede estar naciendo.
Hoy damos gracias por lo que no vimos venir.
Por las pequeñas flores que brotan en terrenos que dábamos por estériles.
Por lo que florece en nosotros, incluso cuando no lo entendemos.
Porque la vida no siempre sigue nuestros calendarios.
Y aun así, insiste en florecer.

Lo esencial ha sido dado

"La gratitud es la manera de vivir el presente reconociendo que todo lo que es verdaderamente importante nos ha sido dado gratuitamente."
— Henri J.M. Nouwen

Hay cosas que no se compran,
ni se negocian,
ni se conquistan.
Cosas esenciales que llegan…
sin ruido, sin mérito, sin exigencia.

Un abrazo a tiempo.
La risa compartida.
La mirada que sostiene.
La vida misma.

Quien agradece, lo reconoce:
no todo lo que vale, cuesta.
Muchas veces, lo más valioso ha sido regalo.
Presencia. Gracia. Don. Amor.

Vivir con gratitud es honrar el presente sin necesidad de poseerlo.
Es entender que lo que tenemos no siempre es lo que más cuenta.
Y que lo que más cuenta… casi siempre llegó sin que lo pidiéramos.

Por eso florecer no es solo avanzar.
Es detenerse.
Mirar alrededor.
Y decir gracias por lo que ya está.

Por lo que fue dado.
Por lo que no se puede medir,
pero se siente hasta el alma.

Como el lirio entre espinas

"Como el lirio entre los espinos, así es mi amada entre las doncellas."
— *Cantar de los Cantares 2:2*

Hay flores que crecen en jardines cuidados.
Y otras que florecen entre espinas.

Las primeras reciben luz abundante,
palabras de aliento, agua a tiempo.

Las otras… brotan donde nadie lo esperaba.
Sin permiso. Sin aviso.
Solo porque llevan vida por dentro.

La gratitud nace muchas veces así.
Como un lirio en tierra seca.
Como una esperanza que no se atreve a morir.

Como una fe que, en lugar de rendirse,
echa raíces aún más hondas.
No hace falta tener todo en orden para florecer.
No hace falta ser comprendido, aprobado o aplaudido.

A veces, la flor más luminosa es aquella que nadie vio nacer…
pero que, aun así, se abrió al sol.

Florecer sin pedir permiso es un acto de reverencia
a lo que ya somos.

Es honrar la belleza que persiste,
la fuerza que nos habita,
y la gratitud que decide asomarse —
aun cuando las espinas duelen.

Capítulo Cuatro

Honrar el camino

Gratitud por lo vivido, lo elegido,

lo aprendido

Cada paso fue parte de la danza

"Ningún paso en la danza de la vida es en vano.
Cada uno tiene su lugar, su tiempo, su razón."
— *Martha Graham*

Hay caminos que parecían desvíos…
y terminaron siendo destino.

Hay pasos que dolieron…
y resultaron necesarios.

Hay pausas que frustraron…
y nos enseñaron a escuchar.

Cuando miramos hacia atrás con ojos de gratitud,
el paisaje cambia.
Ya no se ve solo el error o la caída,
sino el ritmo que nos trajo hasta aquí.

Una danza imperfecta, sí, pero profundamente viva.

Agradecer cada paso —los suaves, los torpes,
los que dimos sin saber a dónde íbamos—
es entender que la vida también es coreografía,
y que no siempre se baila con elegancia…
pero siempre se avanza.

Hoy honramos el camino recorrido.
Las decisiones que creímos equivocadas,
los comienzos que parecieron tardíos,
las vueltas que parecían pérdida de tiempo
y nos estaban preparando.

Porque ahora lo sabemos:
cada paso fue parte de la danza.
Y cada movimiento —incluso el que más nos costó—
nos acercó a quien hoy somos.

Gracias vida,
por no haberme dado siempre lo que pedí...
y por enseñarme que cada paso tenía sentido,
aunque al principio no lo viera.

Las voces que enseñaron a agradecer

"La gratitud se revela en los ojos de quien ha aprendido a ver.
Y muchas veces, alguien más fue quien le enseñó a mirar así."
— *Henri Nouwen*

Nadie nace sabiendo agradecer.
La gratitud, como el arte, se aprende.

A veces con palabras suaves.
Otras con ejemplos silenciosos, pero firmes.
Pero siempre es a través de alguien.

Existen voces que marcan la forma en que una persona aprende a mirar.

Voces que, sin proponérselo,
siembran una manera distinta de habitar la vida:
con más asombro,
con menos exigencia,
con más presencia,
con más "gracias".

Puede haber sido una abuela que bendecía el pan antes de partirlo.
Un maestro que hablaba con respeto incluso en medio del caos.
Un amigo que encontraba luz en medio de la tormenta.
O alguien que, con solo vivir a su manera,
mostraba que lo cotidiano también se honra.

Quizá en su momento esas enseñanzas no se comprendieron del todo.
Pero quedaron ahí, como faros encendidos.

Y un día, la mirada cambió:

Se entendió que la vida no se acumula…
se agradece.
Y que ver con gratitud es también una forma de amar.

Gracias a quienes enseñan a mirar distinto.
A los que transforman el "por qué" en un "para qué".

Gracias a quienes, sin saberlo…
siembran en otros esta forma más presente,
más agradecida,
más viva… de estar en el mundo.

"Gracias por los que, con su vida, nos enseñan a agradecer."

Gracias a lo que cambió mis planes

> *"Por todo lo que fue: gracias.*
> *Por todo lo que será: sí."*
> — Dag Hammarskjöld

No todo salió como se había imaginado.
Algunos sueños se quedaron a medio camino.
Puertas que parecían abiertas se cerraron sin aviso.
Y caminos firmes se convirtieron en desvíos inciertos.

Pero a veces, es ahí donde comienza la verdadera transformación.
No en lo planeado… sino en lo vivido.

Lo que cambió los planes también cambió la mirada.
Lo que interrumpió el ritmo enseñó otro compás.
Y aquello que parecía pérdida reveló, con el tiempo, una dirección distinta.

Agradecer eso —lo que no se eligió,
lo que interrumpió, lo que dolió, lo que nos cambió—
no significa idealizar el dolor.

Significa reconocer que incluso lo inesperado puede florecer.
Que lo incierto también trae regalos.
Y que hay una sabiduría escondida en los giros que no se comprendieron al principio.

Hoy se honra lo que fue.
Y se dice *sí* a lo que vendrá.

Con gratitud por lo que no salió como se esperaba…
y sin embargo, trajo exactamente lo que se necesitaba.

El viaje aún continúa

"Que nunca te falte gratitud por el camino ya recorrido...
ni esperanza por el que aún queda por andar."
— *John O'Donohue*

El camino no siempre ha sido recto.
Hubo subidas que agotaron.
Cruces que confundieron.
Estaciones en las que fue necesario detenerse... o soltar.

Y aun así, el viaje continúa.
Cada tramo nos ha dejado algo:
una lección, una herida, una luz nueva,
una forma distinta de mirar.

Agradecer el camino andado no es aferrarse al pasado,
es reconocer que cada paso ha tenido sentido,
aunque no se entendiera en el momento.

Y también, agradecer que el viaje siga.
Que aún haya aire, preguntas, posibilidad.
Que la historia no haya terminado.

Que el alma siga caminando,
a veces con fuerza,
otras con pausa,
pero siempre con intención.

El viaje aún continúa.
Y eso —el simple hecho de poder seguir—
no es poca cosa, por el contrario.

Es una oportunidad inmensa,

una afirmación silenciosa de que la vida aún confía,
de que todo es posible mientras el alma siga en camino.

Y por eso, por esta posibilidad viva de continuar,
la gratitud nace entera, profunda, y verdadera.

No como un gesto automático...
sino como un acto del alma que reconoce el milagro de seguir.

"Agradece cada instante de tu viaje."

Agradecer para florecer

Y sigue... siempre sigue

"Agradece los pasos dados. Y sigue. Siempre sigue."
— Proverbio anónimo

Hay caminos que se celebran,
y hay otros que cansan.

Pasos firmes y pasos temblorosos.
Avances, retrocesos, pausas.

Pero cada uno —incluso el más incierto—
merece ser agradecido.

Porque si se dio,
fue parte del trayecto.
Porque si se sostuvo,
nos trajo hasta aquí.

Agradecer los pasos dados
es honrar nuestra propia historia.

No idealizarla,
no justificarla,
sino mirarla con compasión
y decir: *fue necesario.*

Y luego, seguir.
No desde la prisa,
sino desde la confianza.

Desde el saber que, mientras haya un paso por dar,
también hay una razón para agradecer.

El camino no se mide por la meta,
sino por la cantidad de veces que elegimos continuar.

Aún sin certezas.
Aún con miedo.
Aún con cicatrices.

Y eso —seguir con gratitud—
es florecer en movimiento.

Por lo tanto, sigue…
siempre sigue, con gratitud.

Gracias por cada estación del alma

"Hay un tiempo para todo y una hora para cada cosa bajo el sol."
— Eclesiastés 3:1

Agradecer no solo lo que llega, sino también lo que parte.
Dar gracias por el comienzo… y por cada final.

Agradecer por la siembra,
la espera, la cosecha, y el descanso.

Por los días de sol y los de sombra,
por los momentos en los que la vida florece
y por aquellos en los que simplemente… respira.

Hay temporadas en que todo parece avanzar.
Y otras en que el alma se queda quieta.
Ambas son sagradas.

Ambas enseñan.
Solo hay que aprender a entenderlas.

A veces, no comprendemos el ritmo de nuestra historia,
pero cuando miramos hacia atrás con gratitud,
descubrimos que incluso el silencio
tenía una lección que ofrecernos.

Honrar el camino es entender que todo tuvo su hora.
Aceptar que la vida es un ciclo,
donde cada parte es importante.
Y que en cada estación… Dios también estuvo.

"Agradece todo el tiempo, porque cada momento tiene su propósito."

Agradecer lo invisible

> *"Den gracias al Señor, porque él es bueno,*
> *porque su amor es eterno."*
> — *Salmo 136:1*

En nuestro camino solemos agradecer lo que se ve:
las metas alcanzadas, la compañía, los frutos.

Pero lo divino también se teje en lo invisible:
en lo que no comprendemos, en los silencios,
en los pasos que nos formaron sin notarlo.

Honrar ese camino es dar gracias
incluso por lo que no podemos nombrar.
Porque ahí también hay amor.

Demos gracias por las heridas que nos hicieron crecer.
Por los vacíos que nos enseñaron a habitar el alma.
Por las lágrimas que abrieron grietas
donde luego germinó la luz.

Agradezcamos por las soledades que nos hicieron más compasivos
con otros.
Por las esperas que, aunque largas, nos enseñaron a confiar.

Porque el amor de Dios que se extiende sin medida,
no siempre grita su nombre. Pero está. Sostiene.
Susurra cuando no hay fuerzas.
Abraza cuando el mundo no alcanza.

Y entonces logramos entender que:
agradecer es también rendirse con humildad ante el misterio.

Es reconocer que no todo está en nuestras manos,
pero que siempre estamos sostenidos en otras mucho más grandes.

Cuando agradecemos lo que no vemos,
reconocemos que no caminamos solos.
Que lo grande también habita en lo pequeño.

Y que cada paso tiene su misterio… y su gracia.

Lo eterno que habita en lo simple

> *"No busques cosas extraordinarias.*
> *Haz lo ordinario con amor, y será más que suficiente."*
> — *San Francisco de Sales*

Hay una belleza discreta en las cosas sencillas.
El pan compartido.
La luz que entra por la ventana.
Una palabra cálida cuando nadie la esperaba.
Un momento de silencio que no exige nada.

Volver a lo esencial es aprender a mirar esos gestos
con los ojos del alma.
Es descubrir su riqueza más profunda.
Es entender que lo que parece pequeño,
cuando se hace con amor y conciencia,
se transforma en ofrenda.

No necesitamos una vida perfecta para agradecer.
Solo un corazón despierto.
Una mirada limpia que no pase de largo.
Un alma que sepa detenerse en lo que muchos ignoran.
Un instante de presencia.

Porque ahí, en medio de lo cotidiano… en lo simple,
en eso que a veces damos por hecho…
también habita lo sagrado.

Ahí también se esconde la presencia de lo divino.
Y también ahí puede florecer la gratitud más pura.

Agradecer no siempre es alzar la voz.
A veces, es bajar el ritmo.

Agradecer para florecer

Encender una vela.
Escuchar sin interrumpir.

Poner el alma en lo que hacemos, aunque parezca insignificante.
Porque la vida está hecha —más que de logros—
de gestos pequeños que, al ser hechos con amor,
se vuelven eternos.

Agradezcamos esas pequeñas cosas, esos pequeños momentos que,
al final del día son las grandes cosas que dan sentido a la vida.

Capítulo Cinco

Volver a lo esencial

El agradecimiento como práctica espiritual.

Un suspiro sagrado

"Cada momento que respiramos es un regalo.
Y si lo reconocemos, ya estamos orando."
— Frère David Steindl-Rast

A veces, no tenemos palabras.
Solo un suspiro que se escapa del alma
como quien deja caer una carga,
como quien agradece sin saber por qué… pero sabe.

Ese suspiro, tan simple y tan sagrado,
es ya una forma de oración.
Cuando se vive con intención,
cada aliento se vuelve un gesto de gratitud.

No hay que pronunciar nada.
Basta con reconocer: *tengo vida, estoy aquí, puedo respirar.*
Y eso, aunque parezca poco,
es todo.

La gratitud no necesita grandes razones.
Solo basta con cerrar los ojos
y sentir el aire entrando y saliendo del cuerpo
como una caricia invisible.

Ese instante en que se respira con conciencia
—sin prisa, sin juicio, sin demanda—
es un regreso a lo esencial.

Es una pausa que no nos exige nada.
Pero nos da mucho.
Una forma de decir *gracias*
desde el cuerpo, desde lo más íntimo.

Un suspiro no es debilidad.
Es presencia.
Es alma.

Y cuando nace de la gratitud…
ese suspiro se convierte en sagrado.

Porque respirar con gratitud
es reconocer el milagro que ya somos.
Es una oración sin voz,
pero con gran fuerza.

Es permitir que la vida, por un momento,
nos abrace desde dentro.

El arte de bendecir lo simple

> *"Den gracias en todo,*
> *porque esta es la voluntad de Dios para ustedes en Cristo Jesús"."*
> — *1 Tesalonicenses 5:18*

Bendecir lo simple es un arte antiguo.
Un gesto que no requiere altar, ni ceremonia, ni condiciones especiales.
Basta una mirada atenta. Una pausa.
Un corazón dispuesto a reconocer lo que hay.

El pan compartido. Una voz de alguien amado.
La luna que nos baña con su luz.
Una flor que se atraviesa en nuestro camino.
El silencio que acompaña sin exigir palabras.

Todo puede ser bendecido si se mira con gratitud.
No porque sea perfecto,
sino porque está vivo. Presente.
Disponible para ser reconocido.

Dar gracias en toda situación no es negar lo difícil,
es honrar lo valioso incluso en medio de lo ordinario.

Es volver a lo básico con ojos nuevos.
Y decir convencidos: esto basta.
Esto es bueno. Esto también es un regalo.

Bendecir lo simple es recordar que la vida no siempre se manifiesta en lo extraordinario,
sino en lo cotidiano que pasa desapercibido…
hasta que alguien lo mira con gratitud.

Si solo dijeras gracias

*"Si la única oración que dijeras en toda tu vida fuera 'gracias',
eso sería suficiente."*
— Meister Eckhart

No hacen falta fórmulas complejas.
Ni templos.
Ni palabras perfectas.
Porque a veces, lo más sagrado es lo más simple.

Un susurro apenas audible: *gracias*.
Una respiración que se aquieta.
Una mirada que reconoce lo que hay.

Decir gracias —con intención, con presencia,
con el alma despierta—
es en sí mismo una oración.
Una forma de abrir el corazón sin pedir, sin justificar, sin explicar.

La gratitud, cuando es verdadera, ya es un encuentro.
Con Dios.
Con la vida.
Con lo que sostiene en silencio.
Con lo invisible que no pide ser entendido, solo acogido.

Quizás no haya plegaria más pura que esa.
No por ser corta,
sino por ser completa.

Porque nace de la rendición,
de la humildad que reconoce que todo
—incluso lo difícil—
puede ser semilla.

Agradecer para florecer

Dar gracias es aceptar lo que llega
y soltar lo que no entendemos.

Es decirle sí a la vida tal como es,
y confiar en lo que aún no se ve.

Una sola palabra.
Un solo acto del alma:
Gracias.
Y con eso… basta.

Donde hay gratitud, Dios está

"La oración más verdadera es el amor. Y donde hay amor y gratitud,
Dios está presente."
— San Agustín

Amar es orar.
Y agradecer… es amar en voz baja.
Cuando un corazón se llena de gratitud,
no necesita adornos para tocar lo sagrado.

No hace falta elevar la voz,
ni repetir fórmulas aprendidas.
Basta con habitar el momento con el alma despierta.

Cada gesto agradecido,
cada mirada que dice *"esto basta"*,
cada emoción que abraza lo simple,
es una forma de acercarse al misterio.

Es ahí, en lo cotidiano vivido con ternura,
donde lo divino se asoma sin hacer ruido.

Ahí donde hay gratitud sincera,
aunque no se mencione el nombre de Dios,
Dios ya está.
No por haber sido llamado,
sino porque fue reconocido.

Porque cuando amamos desde lo más hondo,
y agradecemos desde lo más cierto,
no estamos solos:
algo nos habita, nos sostiene,
nos une a todo lo que es.

Agradecer para florecer

Gratitud y amor:
dos oraciones que no siempre usan palabras,
pero que siempre abren el alma.

Y en esa apertura silenciosa…
Dios se hace presente.

Agradecer... también es amar

"La oración no es pensar mucho, sino amar mucho.
Y quien agradece, ya ama."
— *Teresa de Ávila*

No se necesita entenderlo todo para orar.
Ni encontrar las palabras exactas.
Ni tener respuestas.
Basta con amar.

Y quien agradece, aunque sea en silencio,
ya está amando.
Porque la gratitud no es solo un acto,
es una disposición interior.
Una forma de ver.
De estar.
De entregarse.

Agradecer es mirar con ternura.
Recibir sin exigencia.
Valorar sin poseer.

Es reconocer la belleza sin necesidad de controlarla.
Es decir *sí* con el alma abierta.
Incluso cuando no todo es claro,
incluso cuando el corazón carga preguntas.

A veces la oración no sube al cielo en forma de ruego,
sino que nace aquí abajo,
en un corazón que reconoce lo recibido
y lo devuelve al mundo como gratitud.

Esas manos que cuidan,
ese abrazo que no pide nada,

esa presencia que escucha sin juzgar,
esa mirada que agradece solo por estar...
esas también son plegarias.

Porque orar no es alejarse del mundo,
sino habitarlo con amor.
Y quien agradece,
ya está tocando lo divino.

Esa es también una forma de orar.
Y una de las más profundas.

"Ora infinitamente...agradeciendo y amando."

Todo es regalo cuando el alma se abre

"La gratitud da sentido a nuestro pasado, paz al presente
y crea una visión para el mañana."
— Thomas Merton

Hay una sabiduría silenciosa que se despierta cuando el alma deja de resistir.
Cuando se rinde, no por derrota, sino por reconocimiento.
Cuando deja de esperar lo perfecto y empieza a abrazar lo que es.

Desde esa apertura, todo se transforma:
Lo vivido ya no es carga, sino historia que nos ha traído hasta aquí.
Lo que hoy nos rodea —aunque imperfecto, aunque frágil—
se convierte en refugio.
Y el porvenir deja de ser amenaza
para volverse posibilidad.

Esa es la obra de la gratitud:
toca lo cotidiano y lo vuelve sagrado.
Le da sentido al dolor,
espacio al gozo
y profundidad al instante presente.

No hay que entenderlo todo.
Ni cambiarlo todo.
Solo abrir el alma,
y dejar que la gratitud haga su trabajo invisible.

Porque cuando el alma se abre...
todo es regalo.

"Agradece el regalo del día a día y vívelo plenamente."

Agradecer, incluso en la escasez

"Aunque la higuera no eche brotes, ni haya fruto en las viñas; aunque falte el producto del olivo, y los campos no produzcan alimento; aunque falten las ovejas del aprisco, y no haya vacas en los establos, con todo yo me alegraré en el Señor."
— *Habacuc 3:17-18*

La gratitud más poderosa no es la que brota cuando todo va bien.
sino la que se sostiene en medio del vacío.

Cuando no florecen las higueras.
Cuando los días no dan tregua,
cuando no hay certezas,
y el alma camina con preguntas que no tienen respuesta.

Cuando la vida no da explicaciones,
y el alma, aun así, elige confiar…
ese acto silencioso se vuelve sagrado.

Esa fe agradecida no niega el dolor,
pero tampoco lo convierte en dueño.
Reconoce que hay un bien más grande que no siempre se ve,
pero que sigue obrando en lo invisible.

Agradecer en medio de la escasez no es masoquismo ni negación.
Es rendirse con confianza ante lo que no entendemos
y declarar con el corazón abierto:
aunque no haya flor, aunque no haya fruto,
aun así… gracias.

Agradecer en esos momentos,
es confiar en lo invisible.
En ese Dios que no siempre responde como queremos,
pero que nunca deja de estar.

En ese bien que a veces tarda, pero nunca falla.

Agradecer cuando todo sobra, es humano.
Agradecer cuando todo falta, es fe.

Y esa fe agradecida no niega las lágrimas,
pero tampoco deja que ellas hablen por todo.
Reconoce que la vida tiene ciclos.
Que hay estaciones secas…
pero también promesas que aún no han brotado.

Hoy, tal vez no veas fruto.
Tal vez tus ramas estén vacías.
Tal vez estés esperando algo que no llega…
pero si en medio de todo eliges decir: "Gracias",
aunque sea en voz baja, aunque sea con un suspiro,
estás sembrando algo inmenso.

Porque cuando el alma agradece sin condiciones,
algo florece.
Aunque aún no lo veas.
Aunque parezca que no.

Gracias por lo que sí.
Gracias incluso por lo que no.
Gracias, porque confiar…
también es una forma de agradecer.

Lo eterno que habita en lo simple

"No busques cosas extraordinarias. Haz lo ordinario con amor,
y será más que suficiente."
— San Francisco de Sales

Hay una belleza discreta en las cosas sencillas.
El pan compartido.
La luz que entra por la ventana.
Una palabra cálida cuando nadie la esperaba.
Un momento de silencio que no exige nada.

Son gestos pequeños,
pero llevan dentro una semilla de eternidad.
Y quienes aprenden a verlos así,
saben que no hace falta mucho para vivir con plenitud.

Volver a lo esencial es aprender a mirar esos gestos con los ojos del alma.
Es entender que lo que parece pequeño,
cuando se hace con amor y conciencia,
tiene el poder de tocar lo eterno.

Lo ordinario, hecho con amor,
se vuelve extraordinario.
No por lo que muestra,
sino por lo que despierta.

No necesitamos una vida perfecta para agradecer.
Solo un corazón abierto.
Una mirada limpia.
Un instante de presencia.
Una pausa que nos permita reconocer el regalo escondido en lo simple.

Porque ahí, en medio de lo cotidiano… también habita Dios.
En lo que hacemos sin esperar aplausos.
En lo que damos sin esperar nada a cambio.
En lo que repetimos cada día con fidelidad y ternura.

Quien vive así,
aunque no lo note,
está orando con su vida.

Y esa vida, tejida con actos simples y amorosos,
es también una expresión de gratitud.
Porque agradecer no siempre es decirlo en voz alta,
sino vivir de forma que cada gesto, por más pequeño,
sea una forma de decir: *esto me basta.*
Esto es don. Gracias.

Capítulo Seis

La gratitud tiene muchas voces

Citas que inspiran, caminos que agradecen.

Ver lo que otros no ven

"Bendecir algo significa reconocer su valor, su santidad, incluso si está oculto a simple vista."
— *Rachel Naomi Remen*

Hay cosas que pasan desapercibidas para muchos ojos.
Instantes que parecen banales.
Objetos que nadie nombra.
Presencias que no hacen ruido.
Pero en todo ello, si se mira bien, puede habitar algo sagrado.

Bendecir es ver.
Es detenerse a reconocer lo que tiene valor, aunque no lo grite.
Es agradecer lo que no pide ser agradecido.
Lo que simplemente está, y nos sostiene.

Cuando bendecimos, le damos nombre a lo que otros llaman rutina.
Le devolvemos brillo a lo que parecía gastado.
Dignidad a lo que parecía invisible.

No se trata de inventar milagros,
sino de aprender a reconocerlos sin esperar espectáculo.

El alma que agradece ve más allá.
Y al ver, bendice.
Y al bendecir, transforma.
Y al transformar… florece.

No hay momento pequeño

"No hay momento pequeño cuando el corazón está agradecido."
— *Anónimo*

Un sorbo de agua fresca.
Una plática sin interrupciones.
Un abrazo que no se pidió.
Un rayo de sol que entra justo donde el alma lo necesita.

Hay momentos tan breves que podrían pasar sin dejar huella.
Pero cuando se viven desde la gratitud, se ensanchan.
Se llenan de luz.
Se vuelven inmensos.

La gratitud no cambia el tamaño de las cosas,
pero sí cambia el tamaño con el que las sentimos.

Cuando el corazón agradece,
cada instante —por pequeño que sea— se vuelve significativo.
Nada se da por sentado.
Todo se vuelve presencia.

Y entonces, la vida ya no se mide por grandes logros,
sino por la cantidad de veces que fuimos capaces de decir:
Esto merece ser agradecido.

Porque no hay momento pequeño
cuando el alma está despierta
y el corazón agradecido.

El secreto de la vida

"Aquel que da gracias en todo, ha aprendido el secreto de la vida."
— *Albert Schweitzer*

No se trata de dar gracias por todo.
Nadie está obligado a agradecer el dolor, la pérdida o la herida.
Pero sí podemos aprender a dar gracias en medio de todo eso.
Y esa es una diferencia sagrada.

Agradecer *en todo* es abrir el corazón incluso cuando no hay certezas.
Es sostener una llama encendida cuando el viento sopla fuerte.
Es elegir una mirada que no niega la sombra,
pero tampoco deja de ver la luz.

Hay días en los que no hay respuestas.
Tiempos en los que todo parece detenido.
Etapas donde nada sale como fue planeado.
Y aun así, algo en el alma susurra: *Gracias.*

No por lo que duele, sino porque seguimos aquí.
Porque dentro del caos aún hay belleza.
Porque el amor persiste.
Porque la vida no deja de ofrecer pequeños milagros.

Agradecer **en todo** no es resignación.
Es resistencia luminosa.
Es recordar que incluso en lo incierto hay verdad.
Y en lo roto, significado.

Quizá ese sea, como dice la cita,
el verdadero secreto de la vida:
volver al corazón… y agradecer desde ahí.

Cuando la vida entera es una oración

"Cuando el corazón está lleno de gratitud, toda la vida se vuelve oración."
— *Proverbio zen*

Hay momentos en los que no hace falta cerrar los ojos para orar.
Ni pronunciar palabras sagradas.
Ni buscar un lugar silencioso.

Porque cuando el corazón rebosa gratitud,
todo se vuelve oración.

El paso se vuelve sagrado.
La taza de té es altar.
El gesto cotidiano —barrer, cocinar, mirar por la ventana—
se vuelve ofrenda.

La vida deja de dividirse entre lo espiritual y lo mundano,
y todo se unifica en una sola experiencia:
estar aquí, presente, agradeciendo.

Una vida así no necesita grandes ritos.
Solo necesita un alma despierta,
capaz de decir *gracias* sin necesidad de pronunciarlo.

Esa gratitud que brota sola,
sin deber nada, sin esperar nada,
transforma el vivir en devoción.

Cuando se agradece con todo el ser,
la existencia entera se vuelve sagrada.

Lo cotidiano se vuelve ceremonia.
Y cada instante —por simple que sea—
se convierte en una oportunidad de comunión con lo eterno.

Agradecer así...
es vivir con el alma inclinada.
No por resignación, sino por reverencia.
Porque quien agradece de verdad,
reconoce que estar vivos ya es un milagro.

"Llena tu corazón de gratitud, vive intensamente."

Gratitud: una práctica del alma

"La gratitud no es sólo una emoción espontánea; es también una disciplina espiritual."
— Henri J.M. Nouwen

Agradecer no siempre es fácil.
Hay días en los que cuesta más que otros.
Días en los que el cuerpo está cansado,
el ánimo apagado y el corazón lleno de preguntas.

En esos días, la gratitud no aparece sola.
No brota como chispa, ni se impone con fuerza.
Hay que llamarla.
Hay que buscarla.

Y sin embargo, es ahí donde la gratitud muestra su mayor fuerza:
cuando la elegimos, incluso sin sentirla.
Ser agradecidos no significa estar siempre felices,
sino comprometernos con una mirada distinta.
Una que se ejercita, se cultiva, se practica.

Una mirada que no niega el dolor,
pero tampoco se rinde ante él.

La gratitud verdadera no es ingenua:
sabe de pérdidas,
sabe de vacíos,
sabe de días largos sin respuestas.

Pero también sabe mirar lo que queda.
Lo que aún nos mantiene en pie.
Lo que, en medio de todo, sigue siendo un regalo.

La gratitud como disciplina no es dureza,
sino fidelidad.
Fidelidad a una manera de estar en el mundo.
De responder con ternura.
De reconocer el valor de lo que tenemos, aún si es poco.
Aún si duele.
Aún si cuesta.

Una fidelidad silenciosa:
a la vida,
a los otros,
a lo que somos,
aunque no sea perfecto.

Agradecer cuando es fácil... es hermoso.
Agradecer cuando cuesta... es transformador.
Porque ahí, cuando el agradecimiento se vuelve un acto de voluntad
más que de emoción,
la vida entera cambia de forma.

Practicar la gratitud es elegirla...
una y otra vez.
Hasta que deje de ser esfuerzo,
y se convierta en forma de ser.

Con el tiempo, sin darnos cuenta,
esa práctica cotidiana deja de costar trabajo...
y se convierte en una forma de estar.
En una manera de habitar nuestro mundo.

En una espiritualidad viva,
que no depende de los días buenos,
sino de un corazón que elige mirar con gratitud,
una y otra vez.

La luz y su raíz

"Agradece a la llama su luz, pero no olvides el pie del candil que la sostiene con paciencia."
— *Rabindranath Tagore*

Es fácil amar la luz.
Celebrar el fuego que brilla.
Rendir homenaje a lo que brilla en alto.

Pero también hay una gratitud más discreta,
más silenciosa y profunda:
la que se dirige a lo que sostiene.

Ese pie del candil que no se ve,
que no arde,
que no llama la atención,
pero que sin él… la llama no existiría.

Así también en la vida:
hay personas, gestos, estructuras invisibles
que no iluminan,
pero que sostienen la luz de otros.

Agradecer eso —lo que no resplandece, pero sostiene—
es un acto de humildad y reconocimiento.
Es dar gracias no solo por lo que brilla,
sino por lo que hace posible que algo brille.

La gratitud más profunda no siempre mira hacia arriba.
A veces mira hacia abajo,
hacia la base silenciosa que lo sostiene todo.

Cuando el agradecimiento se vuelve voz

"La gratitud en silencio no sirve a nadie."
— *Khalil Gibran*

Sentir gratitud es un acto íntimo.
Expresarla... es un acto generoso.

Porque el agradecimiento que se queda dentro,
aunque sincero,
no transforma lo que toca.
No alivia.
No ilumina.

Agradecer en voz alta —con palabras, con gestos, con presencia—
es abrir una puerta.
Es regalarle al otro el reconocimiento que merece.
Es decir: *te agradezco, te honro.*

¿Cuántas veces hemos sentido gratitud profunda,
pero no la dijimos?
¿Y cuántas veces una sola frase sincera —*gracias por estar*—
fue suficiente para sanar, sostener, o hacer sonreír?

La gratitud callada puede ser semilla.
Pero la que se expresa... florece.

Porque decir *gracias* es nombrar el vínculo.
Es devolver la mirada.
Es compartir lo sagrado de lo recibido.

Y eso, en un mundo tan rápido y ruidoso,
es una forma de amor.
Y de presencia.

"No guardes en silencio tu gratitud, exprésala, compártela."

Epílogo
Cuando agradeces... floreces

Esto no es un final.
Es un nuevo comienzo.
Una rendija de luz que se abre.
Una invitación a seguir mirando la vida con ojos nuevos.

Agradecer no cambia lo que fue.
No borra el dolor, ni evita las pérdidas.
Pero transforma la forma en que llevamos lo que nos tocó vivir.
Nos ayuda a mirar distinto,
a soltar un poco,
a hacer espacio para lo que sí hay.

Agradecer permite dar un paso más
con el alma más liviana.
Abre paso a la esperanza
y nos llena el corazón.

Si estas semillas tocaron tu alma,
si provocaron una sonrisa, un suspiro agradecido…
entonces la gratitud ya comenzó su obra.
Y esa obra no termina aquí.
Sigue en tu andar,
en tus palabras no dichas,
en los silencios que el alma entiende.
Sigue cada vez que eliges agradecer
sin esperar algo a cambio.
Sin explicación.
Sin perfección.

Porque cuando agradeces,
te vuelves más tú.

Más presente.
Más libre.

Este no es el final.
Es solo una estación en el camino.
Aún hay semillas por soltar,
cargas por liberar,
cicatrices por mirar con compasión.

Sigue sembrando...
Porque esto fue eso:
una siembra.
De palabras.
De silencios.
De preguntas compartidas.

Y todavía queda más por sembrar.
Más por soltar.
Más por perdonar.
El camino sigue.
Y tú sigues en él.
Gracias por caminar hasta aquí.

Te invito a seguir sembrando.
Gratitud, sí.
Pero también perdón.
Y esperanza.

Porque todo lo que se agradece... florece.
Y todo lo que se perdona... renace.

Nos volveremos a encontrar.
Tal vez cuando decidas dejar ir lo que pesa.
Tal vez cuando el perdón toque a tu puerta.

Hasta entonces...
sigue sembrando.

Tu Jardín de Gratitud
Un espacio para escribir, agradecer... y florecer

Has recorrido estas páginas como quien camina entre semillas.
Algunas han despertado algo que ya vivía en ti.
Otras quizás han removido tierra vieja, lugares olvidados.
Y unas cuantas más, tal vez... te han recordado que ya has florecido antes, aunque se te haya olvidado.

Ahora es tu turno.
Tu turno de escribir.
De agradecer.
De mirar con ojos nuevos.

Este espacio es para ti.
Para que inicies o continúes tu propio diario de gratitud.
No necesitas grandes palabras, solo una mirada honesta.
Puedes usar las citas de este libro como punto de partida...
o dejar que tus propias semillas hablen.
Agradece lo visible.
Lo invisible.
Lo que fue, lo que es... y lo que aún esperas.

Que este jardín no sea perfecto.
Que tenga sombra, tierra, brotes, raíces, pausas...
Y mucha verdad.

Escribe aquí.
Suelta aquí.
Florece aquí.

- **Puedes comenzar con una frase como:**

Hoy agradezco...
o
Esta semilla de gratitud la llevo en el alma porque...

Deja aquí tu siembra, tu pausa, tu voz...
Este espacio es solo tuyo

¿Qué momentos de tu vida merecen un "gracias" profundo?

¿Qué cosas invisibles hoy reconoces como regalo?

¿Qué parte de ti ha florecido al agradecer?

¿A quién te gustaría agradecer, aunque nunca llegue a saberlo?

Créditos

Las citas incluidas en este libro han sido utilizadas con respeto, gratitud y admiración hacia sus autores.

Fueron seleccionadas no para adornar, sino para inspirar. No para decir más… sino para ahondar en lo que otros han dicho tocando mi alma e invitándome a reflexionar.

Algunas pertenecen al dominio público; otras han sido ampliamente difundidas y se reproducen aquí bajo el principio de uso justo (*fair use*) con fines educativos, reflexivos y espirituales.

Las citas bíblicas han sido tomadas de la Biblia Latinoamericana, salvo que se indique lo contrario.

Si alguna palabra aquí compartida toca tu corazón, que sea siempre en honor a quien la sembró primero… y en servicio de quienes aún están buscando su propia voz.

Sobre la autora

Durante muchos años, Cruz Elena Ibarra prestó su voz a otros. Como locutora, fue puente de historias, emociones y mensajes ajenos. Pero fue el silencio de su alma lo que un día la llevó a hablar… esta vez, para sí misma.

El dolor la empujó a escribir. El duelo la invitó a buscar sentido. Así nació un nuevo camino en el que descubrió que las palabras no solo sirven para recordar, sino también para sanar.
Escribir se volvió un acto sagrado: una forma de agradecer, de soltar… de volver a florecer.

Cruz Elena es maestra en educación temprana, coach certificada en procesos de duelo y facilitadora en escritura terapéutica. Estas últimas formaciones llegaron después de atravesar sus propias pérdidas, cuando comprendió que poner en palabras lo que duele es también una forma de volver a la vida.

Su primer libro, *Querido Juan: Lo que el alma calla*, nació como un acto de catarsis personal que, sin buscarlo, se convirtió en un refugio para otros. Desde entonces, su escritura se ha transformado en una misión: acompañar a quienes buscan sentido, consuelo o esperanza, y sembrar con palabras caminos nuevos hacia el agradecimiento, el perdón y la fe.

Este libro es el primero de su trilogía inspiradora, una colección de semillas para el alma.

Las palabras que aquí comparte no vienen desde la perfección, sino desde la vida real.
Desde la tierra removida.
Desde el alma despierta.

Hoy, a través de sus libros, talleres y su proyecto Hablemos, Cruz Elena invita a leer, a escribir, y sobre todo, a sentir.
A escribir como quien siembra: con el corazón abierto y la esperanza de que algo bueno florezca.

Puedes seguir sus proyectos y compartir tus propias semillas en:

Instagram: @hablemos_teleo
Facebook: Hablemos
Correo electrónico: hablemos.teleo@gmail.com
📖 Otros libros: *Querido Juan: Lo que el alma calla*

Únete a la comunidad: Hablemos
Un rincón de palabras con sentido.

Reflexiones, emociones y vida cotidiana contadas con el corazón en la mano.

Hablemos…

Y tal vez nos encontremos ahí donde duele y también donde sana…

Facebook   Instagram   Hablemos.teleo@gmail.com

"Escribir fue mi forma de sanar. Leer puede ser la tuya."

Cruz Elena Ibarra

Made in the USA
Coppell, TX
12 December 2025

65480170R00056